Biomimetizando...

construimos un mundo mejor

Biomimetizando...
construimos un mundo mejor

Texto- Eva Batanero
Ilustraciones- Miriam Reig

Texto:
© Eva Batanero

Ilustraciones:
© Miriam Reig

Dextra Editorial S. L.
C/ Arroyo de Fontarrón, 271, 28030 Madrid
Teléfono: 91 773 37 10
info@dextraeditorial.com

ISBN: 978-84-10026-23-0

Depósito Legal: M-10338-2024
Impreso en España - Printed in Spain

Biomimetizando...

Hola, me llamo Fénix. Presiento que hoy va a ser un día especial porque lo voy a pasar *biomimetizando* con mi amiga Elsa. Seguro que has arrugado la nariz y fruncido el ceño al leer esa palabra y has pensado: «¿Qué será eso de *biomimetizar*?»

Biomimetizar es practicar la Biomímesis, una nueva ciencia que observa y se inspira en la naturaleza para crear diseños respetuosos con el medio ambiente que permitan resolver problemas humanos. Uno de los muchos ejemplos de biomímesis es el caso del ingeniero

japonés Eiji Nakatsu que se inspiró en el pico largo y afilado del martín pescador *(Alcedo atthis)*, un ave acuática que se zambulle a alta velocidad en el agua sin apenas salpicar, para diseñar el frontal del tren
bala japonés. Así logró eliminar el problema de la fuerte explosión
sónica (¡Bum!) que producía el tren al salir de los túneles, molestando
a las personas, la flora y la fauna locales.

Alcedo atthis

¡Acompáñame si quieres conocer más y adentrarte en el maravilloso
y apasionante mundo de la biomímesis! Te contaremos cómo practicar
esta ciencia y por qué surge en la actualidad. ¡¡Ah!! Y te presentare-
mos algunos diseños de biomímesis y los organismos que los han ins-

pirado. Estamos rodeados de unos 8,7 millones de especies vivas de las que aprender: lotos *(Nelumbo nucífera)* que mantienen limpias sus hojas a pesar de vivir en aguas poco profundas con lodo; escarabajos del desierto de Namibia *(Stenocara gracilipes)* que obtienen agua de

Stenocara gracilipes

la niebla para beber; o mejillones capaces de pegarse a casi todo bajo el agua. ¡Te imaginas como serían nuestras vidas y el planeta Tierra si nos dejáramos guiar por la sabiduría de la naturaleza!

Cuando termines de leer este libro, tal vez, contemplarás la naturaleza con otros ojos y dirás como el autor de este bonito poema (Mishio Kushi):

Ayer me hablaste y no te escuché.
Ayer me explicaste y no te entendí.
Ayer me miraste y no te vi.
Hoy te escucho sin que me hables.
Hoy te entiendo sin que me expliques.
Hoy te veo sin que me mires.
Qué graciosa eres mostrando tu gratitud.

Qué graciosa eres dando durante toda tu vida.

Qué graciosa eres manteniendo tu eterno equilibrio.

Qué contento estoy de haber colaborado contigo.

Qué contento estoy de haber distribuido tu felicidad.

Qué contento estoy de poder cuidar tu vida.

Como tú y yo somos uno mi querida Naturaleza cuenta con mi amistad.

Capítulo 1

Janine Benyus. De *nerd* de la naturaleza a heroína del planeta

He madrugado pero no me importa. Hoy pasaré el día descubriendo la biomímesis con Elsa. ¿No es genial? Estoy tan entusiasmada que apenas he podido terminar la tostada con aceite que tanto me gusta.

Elsa es la maestra del pueblo de mi abuela, donde estoy pasando unas semanas este verano. Aunque es mayor que yo, me gusta estar con ella. ¡Es una persona fantástica! Ahí está esperándome, sentada a los pies del castaño centenario del pueblo, con una pequeña mochila y un precioso pañuelo azul atado a la cabeza.

—Buenos días, Elsa, ¿qué tienes en la mano? —pregunto a mi amiga.

—Buenos días, Fénix, como siempre tan curiosa —me responde sonriendo—. El libro *Biomímesis: Cómo la ciencia innova inspirándose en la naturaleza* de Janine Benyus. ¿Has oído hablar de él o de ella? Con este libro, Janine inicia una revolución en el mundo de la ciencia y la tecnología, a finales del siglo XX.

—Elsa, mmm… ¿Quién es Janine Benyus?, ¿de qué trata el libro?, ¿por qué ese nombre, «biomímesis»? —me lanzo a preguntar mordiéndome el labio inferior.

—¡Para ya! ¡Ja, ja, ja! ¡Menudo bombardeo de preguntas! Siéntate a mi lado que empiezo…

Janine nació y creció en Nueva Jersey (Estados Unidos), donde estudió Gestión de Recursos Naturales y Literatura Inglesa en la Universidad de Rutgers. De niña, siempre le fascinó pasar horas y horas al día observando los animales y las plantas que vivían en el bosque cercano a su casa. Fue entonces cuando decidió hacerse escritora de la naturaleza y escribir libros sobre el cómo y el porqué de las adaptaciones (morfológicas, fisiológicas y etológicas) de los organismos para sobrevivir en sus entornos naturales (hábitats). Así, con el tiempo se convirtió en una *«nerd de la naturaleza»*, como ella se autodenomina.

Esto le llevó a ver la naturaleza como una fuente inagotable de ideas y a buscar científicos y diseñadores que estuviesen imitando algunas de sus estrategias para resolver problemas humanos cotidianos: cómo obtener alimento, cómo curarnos, cómo producir energía, et-

cétera. Inspirada en los trabajos de la multitud de científicos que encuentra, escribió el libro *Biomímesis: Cómo la ciencia innova inspirándose en la Naturaleza* en las montañas de Montana (Estados Unidos), donde vive en la actualidad. En el libro, publicado en 1997, Janine propone que los seres humanos debemos «imitar conscientemente el genio de la naturaleza» a la hora de resolver nuestros propios problemas, para un planeta saludable. A esta nueva ciencia recién nacida la llamó Biomímesis, palabra que surge de la unión de las raíces griegas *bios* ('vida') y *mímesis* ('imitación'), y significa 'imitación de la vida'. El mensaje de esperanza de Janine inspiró y sigue inspirando a todo tipo de gente alrededor del mundo: científicos, arquitectos, estudiantes, empresarios... En 1998, Janine creó, junto a la doctora Dayna Baumeister, la primera consultoría de innovación inspirada en la naturaleza (Biomimicry 3.8) con clientes como Colgate-Palmolive, Nike, Natura y Levi's. Posteriormente, en 2006, fundó con Dayna y Bryony Schwan el Instituto de Biomímesis que desarrolló la biblioteca digital gratuita AskNature.org, con el objeto de educar y difundir esta ciencia. Por su gran labor, Janine ha recibido numerosos premios. Así, entre otros, fue nombrada «Héroe del Planeta» por la revista estadounidense *Time* en 2008. Hoy Janine continúa educando en biomímesis porque cree que aprender de la naturaleza despertará en las personas el amor por ella y, entonces, querrán protegerla, ya que como dice Baba Dioum, «vamos a conservar solo lo que amamos».

—¡Oh, cómo me gustaría ser como Janine! —suspiro cuando Elsa deja de hablar.

Capítulo 2

La escuela de la naturaleza

Seguimos sentadas, pero ahora en silencio, con la mirada perdida en el bosque de castaños, nogales, pinos y helechos que nos rodea. Estoy pensando en todo lo que me ha contado Elsa sobre la biomímesis: innovación..., inspiración..., naturaleza... De pronto, la miro y le pregunto:

—¿Por qué dices que inspirarse en la naturaleza para inventar cosas es algo nuevo? Hay muchas cosas hechas por los humanos, antes de la biomímesis, que están inspiradas en organismos del mundo natural... Mmm —sigo comentando, tratando de recordar alguna. Entonces veo un pequeño carbonero garrapinos buscando con el pico insectos en la corteza de un pino y añado—: Por ejemplo, los aviones están inspirados en los pájaros y las agujas en la trompa (o probóscide) de los mosquitos.

—Es cierto, Fénix. La idea de imitar o inspirarse en la naturaleza (bioinspiración) no es nada nueva —admite Elsa—. Desde la antigüedad, los seres humanos han practicado la bioinspiración para hacer cosas y uno de los primeros ejemplos es la producción de seda en China, hacia el año 2600 antes de Cristo, inspirada en el gusano de seda.

Bombyx mori

El gusano de seda *(Bombyx mori),* un insecto del grupo de las mariposas y polillas (orden Lepidoptera), produce la seda gracias a las hojas
del árbol de la morera *(Morus alba)* que come. En su fase de oruga, el
insecto teje alrededor de su cuerpo un capullo que construye con un
hilo de seda producido en sus glándulas secretoras. ¡Un capullo está
formado por un hilo de 300 a 1000 metros de largo! Dentro del capullo,
la oruga se transforma en una mariposa, un proceso conocido como
metamorfosis. Una leyenda china cuenta que estaba la emperatriz

Leizu (o Xi Ling Shi) tomando el té bajo una morera, cuando un capullo cayó en su taza. El calor de la bebida deshizo el capullo, convirtiéndolo en un hilo muy largo.

Al intentar sacarlo, enrollándolo alrededor del dedo, Leizu pensó que con ese hilo se podría tejer una hermosa tela del mismo modo que los gusanos tejen sus capullos. Así fue como nació la sericultura o la crianza de gusanos de seda para convertir sus capullos en un hilo de seda como producto textil.

—¿Y esto no es biomímesis? —pregunto a Elsa.

—No, Fénix, esto es bioutilización porque usa un organismo vivo (un gusano) con una finalidad (obtener seda). La biomímesis puede incluir la bioutilización porque puede ser buena, pero no toda la bioinspiración es biomímesis —aclara Elsa y añade—:

»Otro ejemplo de bioinspiración lo encontramos en los artistas del *art noveau* o modernismo, movimiento artístico que se desarrolló a finales del siglo XIX y principios del XX. Entre ellos destaca el arquitecto español Antoni Gaudí, que decía: «¡Construir! ¡Construir Belleza! Buscar en la Naturaleza la imagen del Misterio y convertirla en arquitectura», e hizo de esta frase su filosofía de vida. Su pasión por la naturaleza le llevó a observarla con el objetivo de captar sus detalles y poder emularlos en sus obras: formas, colores, movimientos... La creatividad y originalidad de Gaudí parecen no tener límites a la hora de imitar la naturaleza y en su obra el Park Güell, un parque público de Barcelona, alcanzan su esplendor, como la cúpula de la torre del Pabellón de Portería que recuerda a la seta *Amanita muscaria*, la salamandra de la fuente o los soles que decoran el techo de la Sala Hipóstila.

"¡Construir! ¡Construir belleza! Buscar en la Naturaleza la imagen del Misterio y convertirla en arquitectura"

-Antoni Gaudí-

Elsa hace una pausa y, mientras, cierro los ojos por unos instantes. Mi imaginación me traslada a aquel día que estuve con mis padres en ese parque. Nos veo subiendo la escalinata que conduce a la Sala Hipóstila…, las altas palmeras y los cipreses… y ¡oooh!, la salamandra con sus brillantes colores azules, amarillos, rojos, naranjas y verdes.

—Escucha bien, Fénix —muevo la cabeza y pestañeo—. Cuando solo imitamos las formas que se encuentran en la naturaleza porque nos resultan bellas, esa bioinspiración tampoco es biomímesis. Se trata de biomorfismo (de *bios,* 'vida' y *morpho,* 'forma') —puntualiza Elsa.

—Entonces... —balbuceo un instante y abro enormemente los ojos—, ¿qué es lo que diferencia a la biomímesis de esas otras técnicas bioinspiradoras?

—La biomímesis no solo busca inspiración en la naturaleza para crear cosas, también quiere que esos diseños sean sostenibles con el objetivo de conservarla, cuidarla y protegerla —contesta Elsa y mostrando el número tres con los dedos continúa con un tono de voz más fuerte—. Con tres palabras clave, Janine explica qué es la biomímesis. La «imitación consciente del genio de la vida» —concluye, moviendo graciosamente las cejas y los tres dedos.

—¡Ja, ja, ja! Basta, Elsa —digo cogiéndole los dedos e intentando parar de reír—. Entiendo qué quiere decir «imitación» pero... ¿por qué «consciente»? —comento ya más tranquila.

—Tenemos que observar la naturaleza muy atentamente, con todos nuestros sentidos, para comprenderla, ya que solo así podremos aprender de ella y emularla —matiza con una bonita sonrisa en su cara.

—¿Y «genio de la vida»? —murmuro entre dientes. Soy un poco preguntona, pero... ¡uff!, hay tantas cosas por aprender.

—Puedes preguntar todo lo que quieras —dice, adivinando mis pensamientos—. Según la biomímesis, lo que hacen los seres vivos no es producto de su inteligencia, sino de la sabiduría que han adquirido a lo largo de más de 3800 millones de años de evolución en la Tierra. Desde su origen, la vida ha experimentado con diferentes estrategias para adaptarse y sobrevivir a las condiciones ambientales del planeta, en constante cambio. Ha seleccionado y mejorado las que funcionan, desechando las que no.

»Y este talento extraordinario o «genio de la vida», para crear estrategias nuevas y asombrosas, es el que debemos imitar de forma consciente para solucionar nuestros problemas cotidianos y, a la vez, construir un mundo más sostenible.

—¡Esto convierte a la naturaleza en maestra y a la Tierra en una gran escuela! —aplaudo entusiasmada.

—Sí —afirma Elsa con rotundidad. Después se levanta y haciendo un gesto con las manos como si quisiera mostrarme todo lo que nos rodea, dice—: La naturaleza también es un modelo que debemos seguir.

»En este planeta, existen millones de especies, entre bacterias, hongos, líquenes, plantas, animales y otros que pueden actuar como modelo. Son organismos que hacen cosas increíbles, como los árboles que limpian el aire con sus hojas; las golondrinas, capaces de volar unos 200 kilómetros al día sin descansar; las diminutas hormigas, que consiguen levantar hasta 50 veces su peso; o los ciervos, que con su agudo olfato pueden olerte a casi un kilómetro de distancia.

»Por último —anuncia Elsa, sentándose de nuevo—, la naturaleza también nos proporciona una medida, un patrón para evaluar lo sostenible de nuestra creación (o diseño). Si está bien adaptada o no a la vida en la Tierra.

—¡Guau...! «La naturaleza como maestra, modelo y medida» —exclamo mirando al cielo y alzando los brazos, como si quisiera abarcar el mundo entero. Elsa comienza a reírse divertidamente.

La naturaleza como maestra, modelo y medida

Capítulo 3

(Re)conectando con la naturaleza

Caminamos por el bosque remontando el río hasta llegar a un pequeño salto de agua. Es un rincón precioso donde los rayos del sol se filtran entre las copas de los árboles. Las hiedras trepan por los altos troncos para alcanzar la luz y las zarzas y los helechos cubren el suelo. ¡Es todo tan frondoso y verde que parece una jungla! Vamos saltando de roca en roca en el río hasta que encontramos una grande donde nos sentamos. Al cabo de un rato, Elsa me propone:

—Vamos a permanecer sentadas, sin hacer nada, y en silencio, durante unos quince minutos. Simplemente estar, observar y sentir lo que ocurre alrededor nuestro —la miro levantando las cejas y mordiéndome el labio inferior, esperando que me cuente más—. Este pequeño ejercicio de observación nos ayuda a reestablecer nuestros lazos con la naturaleza. Es lo que en biomímesis se llama **(re)conectar** y es el primer paso para practicarla.

—¡Me gusta la idea! —afirmo moviendo arriba y abajo la cabeza—. ¡Empezamos!

—¿Qué has experimentado durante este tiempo? —me susurra Elsa tras soltar un largo suspiro.

—¡Caray!, ha sido increíble —resoplo desperezándome—. Los primeros minutos han pasado muy rápido por las maravillosas cosas que iba descubriendo. Numerosos zapateros que con sus largas patas se desplazaban por la superficie del agua, mientras tres caballitos del diablo de color azul metálico volaban velozmente en todas las direcciones. Una hoja flotando en el aire hasta posarse suavemente en el agua.

»Y, de repente, mi cuerpo ha empezado a inquietarse y mi mente a volar... Pero no me he dado por vencida y entonces he visto revolotear una pequeña mariposa de alas marrón con manchas anaranjadas y puntitos negros. Como hechizada, la he seguido con los ojos hasta una flor. He podido ver muchos detalles de su cuerpo, como los grandes ojos negros, las dos antenas finitas con forma de bastoncillo, ¡hasta su espiritrompa enrollada en espiral! —termino entusiasmada.

—Si observas profundamente el mundo natural, este no dejará de sorprenderte por su belleza y perfección —recalca Elsa contenta y, dándome un pequeño paquete que saca de la mochila, dice—: Esto es para ti.

—¿Qué es? —pregunto ilusionada, abriendo el paquete con cuidado.

—Un cuaderno y unos lapiceros de colores, muy útiles para practicar la observación de la naturaleza y reflexionar sobre estas obser-

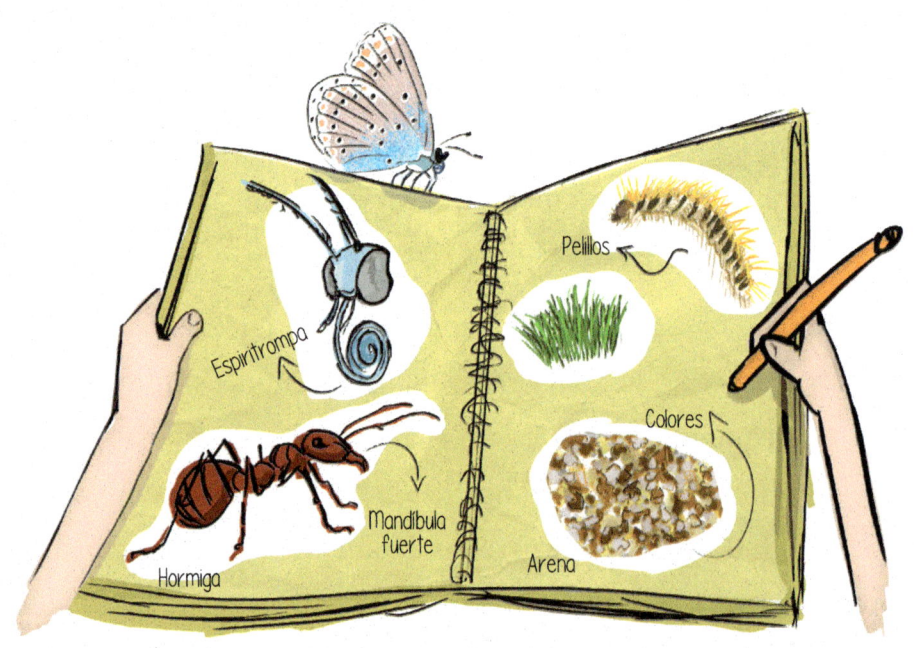

Espiritrompa

Pelillos

Colores

Mandíbula
fuerte

Hormiga

Arena

vaciones. En él podrás anotar y dibujar todas las curiosidades que veas. No importa que no conozcas los nombres de los organismos o no sepas dibujar bien. El cuaderno también te servirá para escribir lo que has experimentado —explica Elsa y, de nuevo, me propone—: Vamos a hacer otro ejercicio que te ayudará a mejorar tus habilidades para observar y aprender de la naturaleza.

»Cierra los ojos y, en silencio, descubre tus otros sentidos —me indica con una voz dulce y suave—. ¿Qué hueles, oyes o sientes...? ¿Qué ves con tus manos?

Allí sentada durante diez minutos, comienzo a descubrir cosas que nunca hubiera imaginado. El delicioso olor de la hierbabuena que crece cerca del río. El zumbido de un abejorro alrededor de una flor, bzzzz. La brisa que eriza el vello de mis brazos, provocándome un pequeño escalofrío. El frescor de las gotas que salpican desde la pequeña cascada mi cara. La aspereza de la piedra cubierta por costras de liquen que toco con las manos... Al terminar, anoto todo lo que he sentido en el cuaderno, acompañado de sencillos dibujos.

—¡Estupendo! —exclama Elsa satisfecha mientras se pone de pie–. Antes de comernos el bocadillo y la fruta, haremos un ejercicio más para que compruebes tu capacidad de observación —continúa, marcando con un palo un cuadrado de 30 por 30 centímetros en el suelo—. Se trata de observar a tres alturas esta área, durante al menos cinco minutos cada vez. Primero de pie, luego de rodillas y, por último, tumbada boca abajo. Anota todo lo que veas y llame tu atención. ¿Encuentras diferencias entre las tres distancias?

—Ha sido muy interesante y divertido. Me imaginaba que era una científica investigando una célula con diferentes aumentos del microscopio —admito poniéndome de pie y quitando con la mano la arena de la ropa—. Me he dado cuenta de que solo de cerca podía apreciar bien cómo una hormiga transporta en su mandíbula un insecto muerto, los pelillos de la oruga que se arrastra por el suelo o los diferentes colores de los granos de arena.

—Fénix, estas son algunas ideas para redescubrir, explorar y reforzar la relación entre los seres humanos y el resto del mundo natural. (Re)conectar con la naturaleza —comenta Elsa.

—¿Por qué dices siempre *(re)conectar* con la naturaleza y no simplemente *conectar*? —la pregunto intrigada.

—La mayoría de los seres humanos hemos olvidado que formamos parte de la naturaleza. Solo somos una especie más entre los millones de especies que habitan en el planeta Tierra —contesta Elsa y tras una pequeña pausa añade, señalando con las manos—. La biomímesis nos recuerda que tú, yo y cada especie de la Tierra estamos conectados por lazos de amor en este maravilloso planeta. Ella es como el beso de amor que despierta a la Bella Durmiente del cuento de su profundo y largo sueño. Por eso, en biomímesis se habla de *(re)conectar* y no de *conectar*.

—(Re)conectar... —susurro sonriendo y pienso «qué grandeza, somos naturaleza».

Capítulo 4

Principios de vida para encajar en el planeta

Hemos llegado a una pequeña y bonita pradera con abundante hierba verde, entre la que destacan dientes de león amarillos, tréboles blancos y malvas, verónicas azules y otras flores de colores. ¡Incluso hay alguna amapola roja despistada! Cerca del riachuelo que serpentea por la pradera, se encuentran unas vacas de color canela pastando. Un lugar mágico donde solo se escucha el murmullo del agua, acompañado por el tintineo intermitente del cencerro y el canto de los pájaros.

—¡Un sitio magnífico para descansar y continuar nuestra charla sobre biomímesis! —me sugiere Elsa, dejando la mochila en el suelo y mirando alrededor con los brazos en jarra.

Ya sentadas sobre la mullida hierba, Elsa me comenta.

—La naturaleza funciona como una red y nosotros estamos conectados a esa red a lo largo de nuestra vida, pero no somos conscientes de ello. —Tras una leve pausa, prosigue con voz melancólica—. Los seres humanos tenemos que admitir que nuestras acciones han causado y causan efectos muy dañinos en el planeta. Ha llegado el tiempo de cambiar nuestro estilo de vida actual para conservar, cuidar y proteger la Tierra. De hecho nuestra supervivencia depende de ello.

—¿Cómo podemos hacerlo? —pregunto algo confusa, tocándome la oreja.

—Practicando la biomímesis. Ella nos brinda la oportunidad de convertirnos en una especie que encaje aquí en la Tierra. No es un sueño imposible, solo hay que querer hacerlo.

—Sigo sin saber cómo —la interrumpo insistiendo.

—Lo que quiero decir es que los seres humanos tenemos que cumplir las reglas de funcionamiento de la naturaleza, como hacen el resto de las especies. Estas reglas son los principios de vida de la biomímesis y deben guiar todos nuestros hábitos diarios, no solo nuestros inventos, si queremos encajar en este planeta —me aclara Elsa con un gesto de ternura.

»Janine propone nueve principios de vida, que son: 1°, la naturaleza cabalga sobre la luz solar; 2°, la naturaleza gasta solo la energía que necesita; 3°, la naturaleza ajusta la forma a la función; 4°, la naturaleza lo recicla todo; 5°, la naturaleza premia la cooperación; 6°, la naturaleza cuenta con la diversidad; 7°, la naturaleza demanda tecnología local; 8°, la naturaleza frena los excesos desde dentro; y 9°, la naturaleza saca partido de las limitaciones.

»Para poder aplicar los principios de vida, tenemos que conocerlos y comprenderlos muy bien —me advierte Elsa de pie, tendiéndome la mano para que me levante—. ¡Vamos a conocerlos!

—¡Genial! —Me agarro de la mano encantada y comenzamos a caminar.

—Primer principio de vida: la naturaleza cabalga sobre la luz solar —dice Elsa, señalando con el dedo índice al sol que brilla en el cielo azul salpicado por nubes que parecen algodón.

»Casi todos los ecosistemas de la Tierra dependen de la luz del sol que es transformada en glucosa (un azúcar) y oxígeno por los organismos fotoautótrofos (las plantas, las algas verdes y algunas bacterias), mediante el proceso de la fotosíntesis. Estos organismos, al ser capaces de fabricar su propio alimento, constituyen la base de las cadenas alimentarias o tróficas y, por tanto, son esenciales para la vida.

—¿Qué es una cadena trófica?

—La cadena trófica recibe su nombre de la raíz griega *trophos* que significa 'alimentar' y describe las relaciones entre las especies que comen (depredadores) y son comidas (presas) en un ecosistema para sobrevivir. Por ejemplo, este pequeño saltamontes come hojas. La salamanquesa que está en la roca, el saltamontes, y el cernícalo que otea desde muy alto, la salamanquesa.

—¡Guau! La vida es increíble —digo observando al cernícalo que planea majestuoso en el cielo, buscando alguna presa.

—Segundo principio de vida: la naturaleza gasta solo la energía que necesita —continúa Elsa—. Los individuos de cada especie utilizan solo la energía que necesitan para realizar sus funciones biológicas, como crecer, desplazarse o reproducirse, al desempeñar su papel en el ecosistema. Así logran hacer un uso adecuado y eficiente del hábitat, el lugar físico donde viven.

»¡Mira! —me pide Elsa señalando un bultito marrón en una planta—. El caracol terrestre, un molusco gasterópodo, pasa la mayor parte del tiempo dentro de la concha en espiral (semanas e incluso años) y solo sale cuando las condiciones ambientales son favorables, como los días de lluvia. Se trata de uno de los animales más lentos del mundo ya que se desplaza a una velocidad media de un metro por hora.

—¡Ja, ja, ja!, por eso se dice «eres más lento que un caracol» —respondo divertida y mirando con curiosidad la concha, pregunto—: ¿Por qué es tan lento?

—Ser lento le permite ahorrar energía para dedicarla a otras actividades más importantes. Por eso, este animal herbívoro tampoco necesita comer mucho.

—¡Qué inteligente es el pequeño caracol! —reconozco impresionada.

Cerca del riachuelo, Elsa se detiene y me susurra señalando a un insecto de alas grandes que parece un minihelicóptero.

—¿Te has fijado en los dos enormes ojos compuestos de la libélula? ¡Ocupan casi toda su cabeza! —destaca Elsa separando las manos a la altura de los ojos—. Cada uno está formado por unos 30 000 pequeños ojos individuales, llamados omatidios, que obtienen su propia imagen. El cerebro del insecto reúne la información recibida de cada omatidio para generar una imagen en mosaico.

—O sea, que la libélula percibe el mundo como un mosaico —reflexiono moviendo la cabeza arriba y abajo—. ¿Para qué le sirven los ojos compuestos?

—Gracias a ellos, la libélula es capaz de abarcar mucho campo visual, casi los 360 grados, y detectar movimientos rápidos mientras vuela a gran velocidad. Estos ojos, junto a sus acrobacias aéreas, convierten a la libélula en un cazador muy hábil que logra atrapar a sus presas (mosquitos y otros pequeños insectos) el 95 por ciento de las veces.

—¡Ahhh…! Este es el tercer principio de vida. **La naturaleza ajusta la forma a la función,** ¿verdad? —señalo, cuando la libélula, rápida como un rayo, atrapa un mosquito mientras vuela, ¡¡zas!!—. ¡Hala! —río emocionada, contagiando a Elsa.

Elsa me ha pedido que nos aproximemos al lugar donde pastan los animales. Aquí estamos las dos caminando despacito, ella con la mi-

rada fija en el suelo y yo, en los cuernos de las vacas. De repente, se para bruscamente delante unos excrementos con unos escarabajos peloteros y esbozando una sonrisa, me dice entusiasmada.

—Justo lo que necesito para hablar sobre el cuarto principio de vida: la naturaleza lo recicla todo.

—¡U-nas ca-cas de va-ca! —insinúo vocalizando lentamente a la vez que abro los ojos como platos.

—¡Sí, unas cacas de vaca! —confirma Elsa moviendo la cabeza y levantado las cejas—. En la naturaleza, todo sirve. Nada se desperdicia. Los desechos (como estas cacas) o el cuerpo en descomposición de un organismo se convierten en alimento y fuente de materiales para otros.

»Los escarabajos peloteros utilizan las heces de los herbívoros, como las vacas, para hacer grandes bolas que llevan rodando al nido. En ellas, las hembras depositan sus huevos para incubarlos con el calor de la fermentación. Este entorno sirve a las larvas que nacen de los huevos de alimento para que se desarrollen hasta alcanzar la fase adulta.

—Es... un pelín ¡puajj...! Aunque al mismo tiempo..., muy lindo. ¡Gracias! —digo mirando a Elsa con chiribitas en los ojos.

—Me hace feliz que estés disfrutando —confiesa con una amplia sonrisa y me da un cálido abrazo—. Caramba, parece que el filósofo griego Aristóteles tenía razón cuando decía que «todos los animales podrán revelarnos algo natural y algo hermoso» —añade separándose—. Continuemos, porque todavía nos quedan muchos pequeños tesoros por descubrir. Tal vez encontremos, en esas adelfas, el del quinto principio de vida, la naturaleza premia la cooperación. ¡En marcha!

Mientras nos dirigimos al lugar, Elsa me explica que la cooperación entre los individuos de una misma especie o de especies diferentes es tan importante como la competencia en la evolución de los ecosistemas. En la naturaleza, hay miles de ejemplos donde la relación entre dos especies proporciona beneficio a ambas. «Y uno de los ejemplos más conocidos, a lo mejor, lo descubrimos ahora», termina anunciándome. A continuación, se pone a buscar afanosa entre las adelfas.

—¡Ajá!, aquí estáis, amiguitos —exclama llena de alegría y mostrándome el envés de una hoja continúa—: Estos insectos diminutos de cuerpo blando y amarillo son áfidos (también conocidos como pulgones) y mantienen una relación mutualista con las hormigas, en la que ambos insectos obtienen un beneficio. Los pulgones excretan una sustancia azucarada y pegajosa (llamada melaza) de la que se alimentan las hormigas. Estas, a su vez, cuidan a los pulgones y los protegen de sus depredadores, como las mariquitas.

—¡Así que las hormigas son un especie de pastores que cuidan los rebaños de pulgones! —opino, pasando suavemente el dedo por la hoja—. ¡Uff, qué pringosa! —reconozco jugueteando con los dedos pegajosos.

—Es por la melaza de los pulgones... Toma —me recuerda Elsa dándome un pañuelo húmedo. Y, tras una breve pausa, dice—: Echa un vistazo a tu alrededor. ¿Te has fijado en la gran variedad de especies (biodiversidad) que conviven en este pequeño espacio?

—¡Es verdad! Dientes de león, vacas, mariposas, saltamontes, pulgones... —susurro con asombro moviendo la cabeza de un lado a otro.

—**La naturaleza cuenta con la diversidad...** es el sexto principio de vida —anuncia Elsa en voz alta y solemne—. La inmensa biodiversidad de los ecosistemas es el resultado de la capacidad de los organismos para adaptarse a los cambios que ocurren en el medio ambiente a lo largo del tiempo. Miles de millones de años de evolución por selección natural.

—En el colegio nos han contado que la teoría de evolución por selección natural fue propuesta de forma independiente por los naturalistas británicos Charles Darwin y Alfred Russell Wallace, a finales del siglo XIX, gracias a los viajes que realizaron alrededor del mundo. Darwin exploró las costas de América del Sur, Nueva Zelanda, Australia, las Islas Mauricio y Ciudad del Cabo, mientras que Wallace, la selva amazónica y el archipiélago malayo —apunto algo sonrojada y mordiéndome los labios a la vez que levanto los hombros.

—¡Muy bien Fénix! —exclama y sigue—: Es importante que recuerdes que la supervivencia y el éxito de un ecosistema dependen no solo de la capacidad de los organismos de adaptarse a las condiciones ambientales, sino también de que estos sepan encontrar y utilizar de forma óptima los recursos disponibles. Así, llegamos al séptimo principio de vida, **la naturaleza demanda tecnología local.** Observa atentamente a tu alrededor para descubrir algún ejemplo.

—¡El nido de pájaro que hay en la rama de ese árbol! —señalo ilusionada con el dedo al cabo de unos minutos.

—¡Un buen ejemplo! Los pájaros construyen sus nidos para incubar los huevos y refugiarse con barro, ramitas, hierbas, telarañas, musgo, líquenes e, incluso, su propia saliva. Todos son materiales sencillos y abundantes que encuentran en sus hábitats. Por lo que no necesitan gastar mucha energía en ir a buscarlos, ni tampoco usan materiales raros —me aclara.

»Otra característica de los ecosistemas es que se autorregulan para mantenerse estables y en equilibrio, ya que la materia y la energía que necesitan para funcionar son muy valiosas. Por eso se dice que «la naturaleza frena los excesos desde dentro», el octavo principio de vida.

—¿Qué hacen los ecosistemas para autorregularse? —pregunto apoyando la cabeza en las manos.

—Los ecosistemas están formados por un conjunto de organismos de diferentes especies que comparten un espacio y un tiempo. Y es a través de la continua interacción entre los organismos como logran los ecosistemas autorregularse. Un equilibro que alteramos, en numerosas ocasiones, los seres humanos con nuestros actividades.

»En esta pradera podemos encontrar un caso de sistema de autorregulación entre la mariquita y el pulgón —me responde apuntado con el dedo a una mariquita roja con puntitos negros que se acaba de posar en mi zapato.

—¡Oh, qué bonita! —exclamo ilusionada y riendo, tapándome la boca con la mano para no ahuyentarla.

—Pues esta encantadora mariquita es una gran devoradora de pulgones y otros insectos que atacan los cultivos. Son lo que llamamos plagas de jardines y cultivos. ¡Una mariquita adulta puede comer hasta mil pulgones en un verano! Por ello, son muy apreciadas por los agricultores y, en muchos sitios, se utilizan para controlar las plagas de forma natural.

—¡Vaya con la pequeña mariquita! Así que eres un súperinsecticida natural —exclamo mirándola divertida. Después, dándome cuenta de que estamos llegando al final, pregunto levantando la cabeza hacia Elsa—: Solo nos queda el noveno principio de vida, ¿no es así?

—Así es. **La naturaleza saca partido de las limitaciones.** Los animales, las plantas y los demás organismos han aprendido que enfrentarse a los problemas de la vida cotidiana (como comer, protegerse, calentarse, etcétera.) es una fuente inagotable de ideas. Solo tienes que fijarte en la gran variedad de estrategias que han desarrollado para encajar perfectamente en los ecosistemas.

—Un ejemplo para comprenderlo mejor...

—Los dientes de león que ves en esta pradera. Las plantas, a diferencia de los animales, no pueden desplazarse. Por eso, para evitar la superpoblación y asegurar la supervivencia, estas deben dispersar sus semillas por un espacio lo más grande posible, utilizando el medio de transporte que sea: viento, agua o animales. ¿Cómo dispersa el diente de león sus semillas? —me pregunta.

—Por el viento, ¿verdad? Muchas veces he jugado con mis amigas a soplar un diente de león para hacer volar la pelusilla por el aire —adivino contenta—. Sin olvidar pedir, a la vez, un deseo para que se cumpla, como dice mi madre.

—Esa pelusilla, llamada vilano, tiene forma de paracaídas. ¡Fíjate bien! —apunta arrodillándose, y yo con ella, para mirar más de cerca la flor—. El vilano hace que el descenso de la semilla al suelo sea más lento, lo que favorece que los vientos la transporten a gran distancia, a menudo a un kilómetro o más.

»En realidad, el diente de león no es una flor, son muchas flores pequeñas que se agrupan sobre una superficie circular, formando lo que se llama una *inflorescencia en capítulo*. ¡Un gran festín de néctar para los insectos polinizadores!

»Además, al estar las flores expuestas en lo alto del tallo, se facilita que la menor brisa haga que las semillas salgan volando. ¡Un capítulo de diente de león puede tener hasta 170 semillas!

—Un ¡hurra! por el diente de león y sus estrategias —comento atónita y mirando a Elsa con unos ojos y una sonrisa pícaros, propongo—: ¿Soplamos un diente de león y pedimos un deseo?

«¿Qué pasaría si replanteamos toda nuestra vida sobre la base de estos principios?», —pienso en voz alta, al cabo de un rato, mientras seguimos sentadas en la hierba.

—Tal vez…, la esperanza de hacer un mundo mejor —anuncia Elsa con una dulce sonrisa y añade, invitándome con un movimiento de sus manos a recorrer con la mirada la pradera—: ¿Sabes lo que decía el físico alemán Albert Einstein?: «Observa profundamente la naturaleza y entonces lo comprenderás todo mejor».

Allí estamos las dos, tumbadas boca arriba sobre la hierba fresca, para disfrutar de todas estas maravillas que nos ofrece la naturaleza.

Capítulo 5

Las estrategias de la vida

Después del merecido descanso, nos ponemos de nuevo en marcha. Esta vez, rumbo al bonito bosque de pinos con gruesos troncos que se elevan majestuosos, como queriendo tocar el cielo. Ascendemos por un camino algo empinado, bordeado de zarzas llenas de flores rosas que se convertirán en deliciosas zarzamoras rojas y negras, a finales de verano. También, vemos retamas de tallos delgados y minúsculas hojas. Espliegos con inflorescencias moradas al final de largas espigas, adornadas con penachos de color violeta que parecen orejas de conejo que asoman. Y jaras de alargadas hojas brillantes y pringosas. En esta época del año, sus grandes flores blancas, con su típica mancha morada en la base, han sido sustituidas por frutos marrones en forma de cápsula globosa. El aire está impregnado del aroma de pino, espliego y jara. A la altura de una fuente de agua fresca, Elsa me propone que abandonemos el camino para pasear entre los árboles y descubrir más cosas de la biomímesis, porque «entre dos pinos se encuentra una puerta hacia un mundo nuevo», como decía el naturalista escocés John Muir.

—Elsa, has comentado que la biomímesis consiste en hacer diseños inspirados en la naturaleza. Pero, ¿qué se imita?, ¿cómo podemos convertir lo encontrado en el mundo natural en un diseño humano? —pregunto acariciando con la mano la corteza gruesa y agrietada de un pino.

—Un concepto muy importante en biomímesis es la función, porque lo comparten el mundo natural y el del diseño. La biomímesis busca imitar la función que podemos definir como el 'propósito de algo', el 'para qué' —me explica y, señalando la mochila que está en el suelo, dice—: Por ejemplo, ¿para qué sirve el velcro?

—Para unir de manera fácil y fuerte dos superficies —respondo algo perpleja, enroscándome la punta de la trenza en el dedo—. ¿Y...?

—Correcto, el velcro es un sistema de cierre basado en dos piezas, un gancho y un bucle, que se adhieren fuertemente al ponerlas en contacto. El velcro comparte la función «adherirse» con el fruto de la bardana *(Arctium lappa),* una planta herbácea de la familia de las asteráceas. De hecho, el velcro está inspirado en este fruto —anuncia ladeando la cabeza y arqueando las cejas.

—¿Quién lo inventó?, ¿dónde?, ¿cómo...? —la bombardeo a preguntas.

—Antes de contarte la historia del velcro, tengo que hablarte de la **estrategia.** En la naturaleza, los organismos utilizan estrategias biológicas para lograr (o realizar) funciones. Una estrategia puede ser una característica, un mecanismo o un sistema que ayuda a realizar una actividad determinada (el 'cómo').

—¿Qué estrategia utiliza el fruto de la bardana para pegarse?

Archum lappa

Función

Adherirse

Estrategia

Ganchos como garfios

—El fruto de esta planta, una especie de bola, está revestido de minúsculos ganchos, en forma de garfio, para adherirse al pelo de los animales (o a la ropa) con el fin de dispersar la semilla que contiene. Este sistema de dispersión de semillas se denomina ectozoocoria o epizoocoria.

—Como los pequeños frutos del arrancamoños* que se pegan a los calcetines... ¡Qué difíciles son de quitar! Y... ¡uyy!, pinchan un montón —añado frunciendo el ceño y agitando la mano—. ¿Quién in-

---

* Nota: arrancamoños es el nombre común de *Xanthium strumarium.*

ventó el velcro? —insisto con voz melosa y una bonita sonrisa de oreja a oreja.

—¡Ja, ja, ja! El ingeniero suizo George de Mestral diseñó el velcro. Todo sucedió un día de 1941, durante un paseo por los Alpes con su perro Milka. —Sus palabras atrapan toda mi atención—. Observó que unas estructuras extrañas se habían quedado fuertemente adheridas en el pelo del animal y en su ropa. Al examinarlas al microscopio en casa, descubrió que eran los frutos de la bardana y que se adherían de forma natural a los microscópicos bucles del pelaje y de la tela al estar cubiertos por cientos de ganchos.

»Y así, inspirándose en este fruto, George inventó el primer dispositivo de cierre «gancho y bucle» para sustituir las incómodas cremalleras de la ropa. A su invento lo denominó velcro, que es el resultado de combinar las palabras francesas *velours* ('terciopelo' para el bucle) y *crochet* ('gancho'). Actualmente, el velcro se utiliza en una gran varie-

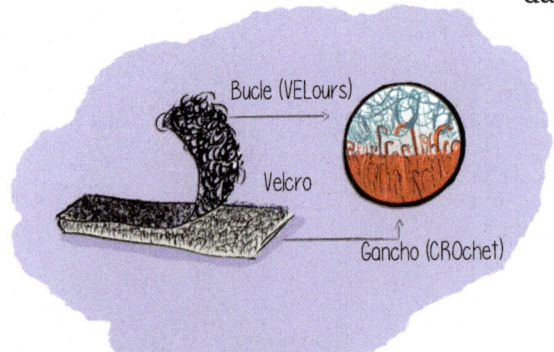

Bucle (VELours)

Velcro

Gancho (CROchet)

dad de aplicaciones (calzado, coches, ropa, etcétera). También lo emplea la NASA en los trajes de los astronautas y en otros objetos, como en los sacos de dormir y en las almohadas, para evitar que floten en la estación debido a la microgravedad o estado de caída libre constante.

—Es una historia fascinante. ¡Una gran idea inspirada por una planta! —admito boquiabierta.

—Sí, pero una cosa clave de esta historia, que no debes olvidar, es que el velcro no se asemeja ni a la planta ni al pelo del perro, sino que reproduce perfectamente las estrategia que proporciona la fuerte adherencia: el gancho que se une al bucle (del pelo del animal o del tejido). Por eso se considera uno de los primeros diseños de biomímesis —recalca—. Y, ahora, vamos a buscar, en este pinar, algunas estrategias que utilizan los organismos para lograr una de estas tres funciones: «protegerse», «comunicarse» y «contribuir a la comunidad».

—¡Yupi...! —aplaudo ilusionada—. ¡En marcha!

Después de explorar cuidadosamente el bosque, me he dado cuenta de que los organismos pueden cumplir la misma función utilizando diferentes estrategias.

—¡Has visto qué gran variedad de estrategias utilizan los organismos para «protegerse» de sus depredadores! —comenta Elsa mientras nos sentamos a la sombra de un pino—. Las zarzas cubren sus tallos con fuertes espinas afiladas para atemorizarlos, mientras que las avispas utilizan un aguijón venenoso y las mariquitas, colores llamativos (rojo o amarillo con puntos negros) para advertir de su toxicidad.

—También hemos encontrado muchas maneras diferentes de «comunicarse» —admito moviendo la cabeza—. Las hormigas se comunican mediante sustancias químicas, llamadas feromonas, que detectan con sus largas y delgadas antenas. Los cucos, con su inconfundible canto cuu-cu, cuu-cu. Y las cigarras machos, produciendo un potente chirrido con unas membranas vibratorias (los timbales) situadas en el abdomen. Chi-chi, chi-chi —concluyo imitando divertida el sonido de la cigarra.

—Lo haces muy bien —dice soltando una pequeña carcajada y, ya más serena, me aclara—. El macho emite este chirrido para atraer a la hembra, marcar territorio o como señal de alarma. —Tras una breve pausa, me pregunta mirándome a los ojos, mientras juega con unas piedrecitas—. ¿Recuerdas cuántas maneras de «contribuir a la comunidad» hemos encontrado?

Chi-chi
Chi-chi
Chi-chi Chi-chi

—¡Muchiiiisimas! —enfatizo abriendo y cerrando los dedos de las manos. Y, mordiendo el labio, empiezo a mencionar algunos organismos—: Las abejas y las mariposas mantienen los ecosistemas polinizando las plantas con flores. Los hongos, que crecen sobre las piñas, participan en el reciclaje de la materia orgánica para que puedan utilizarla las plantas. Y los pinos... ¡aportan múltiples cosas buenas! —recalco levantando las cejas—. Por ejemplo, purifican el aire al fijar el dióxido de carbono y liberar oxígeno, gracias a la fotosíntesis. Mantienen la biodiversidad al proporcionar alimento, refugio y materiales a muchas especies de animales, plantas, hongos, líquenes... Regulan la humedad de los bosques y el ciclo del agua. Y, además, protegen el suelo y previenen la erosión con sus raíces... ¡¡¡Son nuestros superhéroes favoritos!!! —grito abrazándome al tronco del pino.

—Todos los árboles nos ayudan a combatir el cambio climático —destaca Elsa y, uniéndose a mí, añade—: «Encontrarás mucho más en los bosques que en los libros» (de Bernard de Clairvaux, monje cisterciense francés).

Allí estamos las dos, con los ojos cerrados y las mejillas apoyadas en el tronco, rodeando con los brazos a nuestro querido amigo árbol.

Capítulo 6

«Del organismo al diseño» o a la inversa. ¡Tú decides!

—Fénix, ha llegado el momento de que conozcas la espiral de la biomímesis. —La miro con fijeza y expectante. Eligiendo las palabras con sumo cuidado, añade—: Esto es, los pasos que hay que seguir en biomímesis para convertir una estrategia biológica en un diseño humano inteligente y sostenible que resuelva un problema o cumpla una función.

—¡Yupi, yupi! —exclamo dando pequeños saltos y aplausos de alegría.

—Parece que te ha gustado mucho la idea —comenta risueña—. Para ello, nos dirigiremos hacia los huertos donde Miguel «el manitas», como le llaman cariñosamente en el pueblo, ha construido un precioso estanque.

Los huertos se encuentran al otro lado del pueblo, junto al río. Tras cruzar un estrecho puente de madera sobre el agua que corre entre enormes rocas, tomamos el camino que nos lleva al sotobosque de ribera, donde conviven árboles, arbustos y hierbas. A los pocos metros, encontramos los primeros huertos delimitados por muros de piedra sobre los que crecen la hiedra y el musgo. Hay altos cerezos junto a pequeños limoneros y melocotoneros. También, vemos brillantes pimientos verdes colgando de las plantas enderezadas con ayuda de palos. ¡Parecen un ejército desfilando en formación! Las tomateras están cargadas de tomates aún verdes, pero que pronto se convertirán en jugosos y sabrosos tomates rojos. Calabacines alargados asoman entre las grandes hojas lobuladas de las plantas. Algunos están adornados con una gran flor dorada. ¡Un auténtico festival de colores y sabores! Y, así, continuamos hasta que en un recodo del camino descubrimos el estanque lleno de vida: plantas, renacuajos, libélulas, zapateros e, incluso, ranas. Hemos oído croar y, luego, pequeños chop, chop, chop en el agua.

—Ya hemos llegado. ¿Lista para empezar? —me pregunta Elsa acercándose al agua y yo afirmo con la cabeza—. Hay dos métodos básicos de practicar la biomímesis. El directo, «del organismo al diseño», y el indirecto, «del diseño al organismo». El método directo parte de un organismo que actúa como maestro y modelo. Y una función del organismo, con su estrategia, sugiere un diseño que representa un nueva forma de abordar un reto (o problema) humano. En el indirecto, el diseñador se plantea un reto, identifica la función que tiene que realizar el diseño para resolverlo y busca cómo la naturaleza lo ha solucionado. Nosotros vamos a ir «del organismo al diseño». Es el método más apropiado para empezar. Ten listo tu cuaderno porque lo vas a necesitar —me pide señalando la mochila. Al cabo de un instante, continúa diciendo:

»El primer paso es observar, descubrir y aprender del organismo, no sobre el organismo. Y nuestro maestro-modelo de hoy es el loto (*Nelumbo nucífera*), una planta acuática del género *Nelumbo*. —Continúa realizando una graciosa reverencia delante de la planta, como si se tratara de un caballero ante su dama.

—Encantada, loto... —bromeo flexionando ligeramente las rodillas a la vez que me recojo las perneras del peto con los dedos índice y pulgar.

—Observa atentamente la planta. ¿Cómo son su flores?, ¿sus hojas...? ¿Dónde vive? Dibuja en tu cuaderno todo lo que te llame la atención del loto. ¿Por qué crees que tiene estas características? Recuerda que casi todo ha evolucionado para adaptarse a las condiciones del hábitat.

—Las flores del loto son grandes y tienen muchos pétalos de color rosa. —Me callo y empiezo a contar, marcando los números moviendo los labios y la cabeza—. Cuento entre 18 y 28. Están dispuestos alrededor de una especie de cono invertido amarillo que contiene los estigmas (la parte femenina de la flor que recibe el polen). Me recuerda a la alcachofa de la ducha. —Bromeo y trago saliva—. El cono está rodeado de gran cantidad de estambres (la parte masculina de la flor que contiene el polen). ¡Son muy bellas! Y, sniff..., sniff..., ¡qué bien huelen! —Inspiro profundamente con los ojos cerrados, como queriendo llenar mis pulmones con ese delicado aroma. Tras unos segundos, sigo describiendo—. Sus hojas son verdes, grandes y redondas. Parecen sombrillas dispuestas sobre la superficie del agua gracias a los tallos largos y delgados que brotan de las raíces que están en el fondo del estanque. Vive en aguas tranquilas y poco profundas con lodo, como las de este estanque. —Hago unos sencillos dibujos para acompañar las anotaciones y miro a Elsa con ojos expectantes.

—¡Magníficos! —Los observa con la cabeza ladeada—. ¿Sabías que la flor de loto abre sus pétalos al amanecer y los cierra al llegar la noche para sumergirse bajo el agua? Su dulce aroma lo libera al día siguiente cuando se abre de nuevo, para atraer a los insectos polinizadores como abejas y escarabajos. La flor solo dura de tres a cuatro días. —Hace una pequeña pausa que despierta más mi curiosidad—. En las corrientes espirituales de Oriente, el loto es considerado un símbolo de pureza y perfección porque «a pesar de crecer en el lodo, se mantiene pura». ¿Sabes cómo se las ingenia el loto para mantenerse limpio y seco si vive en aguas lodosas? —añade Elsa mientras señala con el dedo una hoja.

Pienso durante unos instantes, mordiéndome la uña del dedo pulgar.

—No, no... —respondo con voz bajita, mirándola a los ojos.

— El secreto se encuentra en la composición química y en la estructura microscópica de sus hojas. —Me siento sobre la hierba dispuesta a escucharla atentamente—. La superficie de la hoja parece lisa, pero si pudiéramos observarla con un microscopio electrónico, veríamos que las células epidérmicas papilosas de la hoja forman protuberancias microscópicas, como montañitas, que están cubiertas por una capa densa de cristales de cera. —Me mira de reojo mientras realiza un sencillo esquema en el cuaderno. Y, con voz clara, dice—: Las ceras son sustancias hidrofóbicas (del griego *hydro*, 'agua', y *phobos*, 'miedo') que repelen el agua. La combinación de protuberancias y ceras convierte a la hoja en una superficie «superhidrofóbica», capaz de repeler de forma muy efectiva el agua, lo que evita que se moje.

La miro boquiabierta y en silencio con los ojos fijos en sus manos en forma de cuenco que toman un poco de agua del estanque para dejarla caer sobre la hoja del loto.

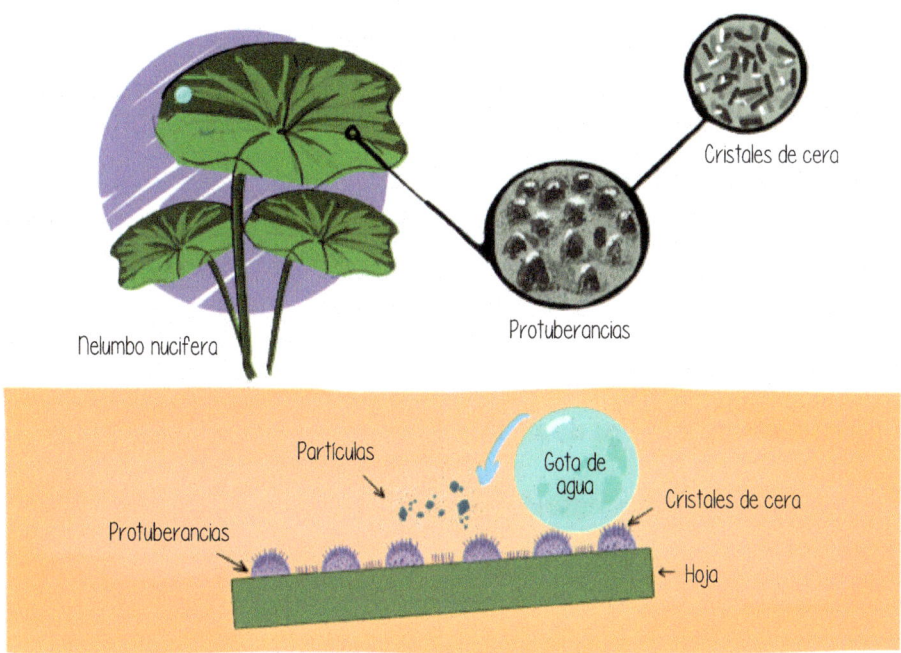

Cristales de cera

Protuberancias

Nelumbo nucifera

Partículas

Gota de agua

Cristales de cera

Protuberancias

Hoja

—La gota de agua, al contactar con la superficie rugosa de la hoja, adopta una forma casi esférica y rueda por esta, arrastrando las partículas de suciedad que encuentra y que dificultarían la fotosíntesis. También, arrastra bacterias, hongos y otros patógenos que podrían representar un daño para la planta. Así, el loto se mantiene limpio y seco. Esta capacidad de autolimpieza es lo que los científicos llaman «efecto loto» por la planta —puntualiza sonriendo mientras se pasa las manos por los brazos, intentado secarlas.

—Me cuesta imaginar cómo lo hace —confieso levantando las cejas y los hombros.

—Vamos a preparar una superficie «autolimpiable» con ayuda de una pintura de cera y papel de filtro grueso para que comprendas cómo se produce el «efecto loto». —Me levanta delicadamente la cara por la barbilla con el dedo índice.

—¡Vale! —le respondo ilusionada, cogiendo el trozo de papel y la pintura.

—Frota la pintura por toda la superficie del papel, de lado a lado y de arriba hacia abajo, por las dos caras —me indica Elsa gesticulando con las manos—. Asegúrate de que toda la superficie del papel está cubierta por una capa de cera.

—¡Qué suave! —exclamo deslizando los dedos por la superficie del papel —. ¿Y ahora qué?

—Coloca el papel encerado en posición vertical y deja caer unas gotas de agua sobre la superficie, utilizando tus dedos. ¿Qué sucede?

—¡Guau! —murmuro impresionada al ver cómo el agua, al tocar el papel encerado, se ha transformado en pequeñas gotas casi esféricas que ruedan fácilmente por su superficie sin mojarlo—. ¡El papel está completamente seco y limpio!

—Todo es distinto en un papel sin encerar —me informa Elsa mientras salpica con las manos agua sobre su superficie.

—¡Ooooh! El agua se ha extendido por la superficie del papel y ha quedado totalmente empapado y bastante chuchurrido ¡Ja, ja, ja! —Echo la cabeza hacia atrás y río, apoyando las manos sobre las rodillas.

—Las características de la superficie del papel, su composición química y estructura, son las que van a determinar su mojabilidad, que se define como la «capacidad de un líquido de extenderse por la superficie de un sólido y dejar traza sobre él». La mojabilidad se mide por el ángulo de contacto que forma la gota del líquido con la superficie —me explica fijando sus ojos en mí, moviendo los brazos y manos como si fuera una malabarista con sus pelotas.

»Decimos que una superficie es hidrofílica, con alta mojabilidad, cuando el agua se extiende por toda ella empapándola, al formar un ángulo de contacto menor de 90 grados. Mientras que una superficie se considera hidrofóbica si repele el agua y no se moja porque muestra un ángulo de contacto de unos 90 a 120 grados. La superhidrofobicidad se logra cuando la gota de agua permanece casi esférica y forma un ángulo de contacto superior a 150 grados. Comparada con otras plantas como la capuchina (*Tropaeolum majus*), la col (*Brassica oleracea*) o el tulipán (*Tulipa sp.*), la hoja del loto es la más superhidrofóbica con un ángulo de contacto mayor de 160 grados.

Estoy ensimismada deslizando lentamente la mirada de los dibujos y las palabras que llenan el cuaderno, al loto y, luego, al revés. La voz y la mano de Elsa sobre mi hombro me sobresaltan tanto que doy un pequeño bote y el lapicero sale volando por el aire.

—Los científicos han imitado la superhidrofobicidad del loto en múltiples ideas fantásticas con diferentes aplicaciones. Algunas se pueden adquirir en los comercios. —Hace una pausa—. Y a ti, ¿qué se te ocurre que se puede hacer? Es el segundo paso de la práctica de la biomímesis e implica elaborar una «lluvia de ideas». —Me quedo patidifusa ante la propuesta.

—Imagina que eres una diseñadora que tienes que crear algo inspirado en la función que has aprendido del loto para resolver un problema humano cotidiano. ¿Cómo podrías imitar su función (el «efecto loto») para diseñar algo nuevo? —Reacciona con viveza—. Tienes que centrarte en la función (QUÉ hace) y en la estrategia (CÓMO lo hace) del loto y en qué circunstancias los seres humanos podrían utilizarlas —insiste.

—«¿Qué quiero que haga mi diseño?» —murmuro pensativa con los ojos fijos en los lotos del estanque. Suspiro y volviendo la cabeza hacia Elsa, pregunto—: ¿Qué es y cómo se hace una «lluvia de ideas»?

—La «lluvia de ideas», o «tormenta de ideas», es una técnica creativa desarrollada, en 1939, por el publicista estadounidense Alex Faickney Osborn que ayuda a generar una larga lista de ideas buenas y nuevas para resolver un problema, tanto de forma individual como en grupo —contesta levantándose. Con los brazos apoyados en la cadera y una dulce sonrisa, continúa—: Me gusta mucho más la palabra «lluvia» por lo que significa, 'agua que cae del cielo'. Agua que limpia, refresca y da vida. Mientras que la tormenta implica algo violento.

»Deja volar tu imaginación y escribe tantas ideas como se te ocurran y para qué servirían. —Me anima moviendo las manos como si quiera atrapar la musa de la inspiración que flota en el aire—. No tengas miedo de si tu idea es viable o no. En este momento, no hay nada imposible. Puedes utilizar dibujos, colores y palabras para elaborar tu «lluvia de ideas».

Es curioso cómo, poco a poco, las ideas van llenando mi cabeza. Frunzo el ceño... y ya tengo la primera idea para... Me muerdo el labio inferior y... ¡Zas!, otra idea... Me froto la nariz con el dedo índice... ¡Guau!, ya van tres... cuatro...

—¡Ya tengo lista mi «lluvia de ideas» inspirada en el loto! —exclamo con regocijo y satisfecha, mostrándosela a Elsa.

—¡Qué lluvia más rica! Ahora viene el tercer paso, ¡pasa a la acción! De todas las ideas que has tenido, elige una y desarróllala utilizando dibujos y pequeños textos. No se trata de hacer una copia del loto, ni de usar términos biológicos. Utiliza tus propias palabras, siendo fiel a la ciencia. —Con gesto serio añade—: El dibujo del diseño bioinspirado tiene que contener toda la información sobre la estrategia usada por el organismo, en nuestro caso el loto, para lograr una función específica: el «efecto loto». Recuerda que lo importante es qué harías y no cómo lo harías, en qué situaciones y a quién podría ser útil, y por qué este diseño es mejor que los que existen en la actualidad.

—¡Manos a la obra! —exclamo entusiasmada y aplaudiendo suavemente. Silbando y moviendo la cabeza al ritmo, voy preparando el material que necesito.

Tras meditar unos minutos, empiezo a dibujar la idea bioinspirada elegida. Borro por aquí, arrugando la nariz… Escribo un par de palabras por allá… y, después, añado unas flechas…

—Mi diseño inspirado en el loto —anuncio de pie con una sonrisa de oreja a oreja, mientras muevo el cuaderno de un lado a otro como si fuera una azafata de vuelo.

—¡Una idea fantástica! —Me felicita Elsa—. Llegamos al cuarto paso. Es el momento de que **evalúes la sostenibilidad de tu diseño bioinspirado,** es decir, si se ajusta o no a los principios de vida propuestos por Janine.

—Tengo que evaluar, por ejemplo, cuánto contamina fabricarlo o si se puede reciclar… —reflexiono con las manos en los bolsillos del peto.

—¡Exacto! —confirma. Después de un largo suspiro prosigue—: El quinto y último paso es **comunicar tu idea.** Tienes que presentar brevemente tu diseño y para ello necesita un nombre ¿Te atreves a poner uno a tu diseño bioinspirado?

—¡*Lotolleta!* —exclamo chasqueando los dedos—. La serviLLETA antimanchas inspirada en la hoja de LOTO. —Elsa comienza a reír con las manos sobre el estómago, dejándose caer sobre la hierba y yo me uno a ella.

Cuando logramos calmar la risa, Elsa se incorpora sobre un codo y me propone ir «del diseño al organismo», el método indirecto. Yo acepto encantada.

—Lo primero que tenemos que hacer es **definir el reto.** ¿Qué quiero que haga mi diseño para solucionar un problema cotidiano? Por ejemplo, «producir color libre de pigmentos». Estos son sustancias químicas que tienen color al ser capaces de absorber y reflejar la luz visible de forma selectiva. Se utilizan para dar color a algo. El problema es que su producción industrial genera mucha polución y requiere mucha energía y recursos materiales. —No añade más, esperando mi respuesta.

—Me parece buena idea —admito moviendo la cabeza arriba y abajo—. La función del diseño es «color sin pigmentos». —Miro a Elsa que asiente en señal de aprobación para continuar—. El siguiente paso sería buscar cómo la naturaleza produce «color sin pigmentos», ¿verdad?

—Así es. En biomímesis, se llama **biologizar el reto.** En la naturaleza, hay dos formas de obtener color: por pigmentos o por estructura. Los colores brillantes de las plumas de muchas aves, las alas de algunas mariposas y los caparazones de ciertos escarabajos se producen por coloración estructural. También, los colores brillantes de las plantas se obtienen así. De hecho, el color azul más brillante de la naturaleza lo presentan las bonitas bayas de la planta africana *Pollia condensata*.

—¿Cómo se produce el color estructural?

—Pregúntaselo a la mariposa morfo azul, nuestra maestra y modelo —dice sacando un libro de su mochila y, abriéndolo por la página marcada, añade—: Con este nombre se conoce a las mariposas de las más de 80 especies del género *Morpho* que habitan los bosques de México, América Central y del Sur. Estas mariposas destacan por su gran tamaño (entre los 7,5 y los 20 centímetros) y el llamativo color azul metálico que presentan en el dorso de sus alas.

»Este bonito color se produce gracias a la estructura de las escamas que cubren las alas y que se disponen de forma imbricada, como las tejas de un tejado. ¡Hay entre 200 y 600

escamas por milímetro cuadrado! Las escamas están hechas de quitina (un carbohidrato) y son transparentes. Su tamaño es de unas 15-50 micras de ancho por 50-100 micras de largo.

—Si las escamas son transparentes, ¿por qué vemos las alas de color azul? —La interrumpo completamente perpleja con los ojos como platos.

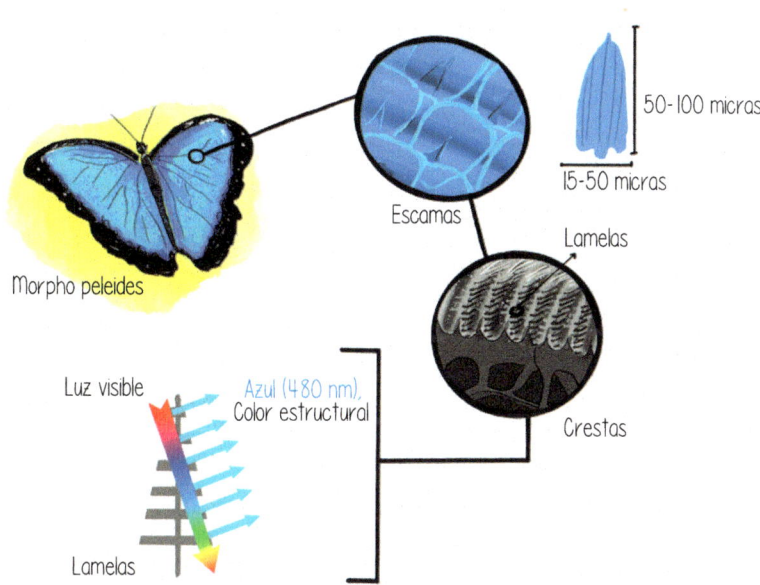

50-100 micras

15-50 micras

Escamas

Lamelas

Morpho peleides

Luz visible

Azul (480 nm), Color estructural

Crestas

Lamelas

—La respuesta está en las estructuras de tamaño nanoscópico de las escamas —insiste—. Si las examinamos con un microscopio electrónico, vemos que cada escama está compuesta por miles de crestas paralelas. A su vez, cada cresta está formada por múltiples capas finas, llamadas lamelas, equidistantes con forma de abeto. El tamaño, forma y separación entre las lamelas son los responsables de la selección del color azul.

»Cuando la luz incide sobre las alas, se divide en los colores del espectro de ondas electromagnéticas visible (de 400 a 700 nanómetros), como cuando vemos el arcoíris. Cada color tiene una longitud de onda característica. Las longitudes de ondas reflejadas por las diferentes capas de las crestas se encuentran desfasadas y pueden interferir entre sí de forma constructiva, es decir, se suman para formar una onda mayor, o destructiva y se anulan entre sí. La mayoría de las longitudes de ondas se cancelan y solo las correspondientes al azul (de 480 nanómetros) se reflejan y llegan a nuestros ojos. El número de lamelas determina la intensidad del azul iridiscente reflejado. En estas mariposas, la característica forma en abeto de las nanoestructuras limita el fenómeno de iridiscencia al color azul. Este fenómeno se define como el cambio aparente de color que experimenta una superficie cuando el ángulo de iluminación o de visión se modifica. La iridiscencia la encontramos, por ejemplo, en las plumas del pavo real, los escarabajos o en las pompas de jabón.

»Los siguientes pasos serían los que hemos comentado antes: hacer el boceto del diseño inspirado en la mariposa morfo azul y evaluarlo con los principios de vida. ¿Te animas? —me propone señalando con la barbilla el cuaderno.

—Esta forma de producir color es fantástica.

Me acomodo y me pongo a trabajar, durante unos minutos, en mi diseño: la *Morfocamiseta,* una preciosa camiseta de colores iridiscentes inspirada en la mariposa morfo azul.

—¡Qué dos lecciones más maravillosas e inteligentes he aprendido de la naturaleza! —Sonrío agradecida a Elsa.

—Verdaderamente es así. Hay una frase del polímata italiano Galileo Galilei que me gusta mucho y dice: «La mejor ciencia no se aprende en los libros; el sabio más grande y mejor maestro es la naturaleza».

«A ti, querido lector o lectora, qué se te ocurre hacer con lo que has aprendido del loto y de la mariposa morfo azul».

Capítulo 7

Ideas fantásticas

El día ha pasado demasiado rápido, pero aún quedan unas horas hasta que se ponga el sol. Hemos estado caminando por bosques y prados, disfrutando de los maravillosos regalos que nos ofrece la naturaleza.

Ahora estamos sentadas en el barranco, un lugar ideal para ver cómo cambia de colores el cielo al atardecer. Brillantes colores amarillos, anaranjados, rosados y rojizos que hacen destacar la silueta de las montañas. Mientras esperamos la llegada de ese mágico momento, Elsa comenta que la naturaleza está llena de ideas fantásticas para solucionar muchos de los desafíos a los que nos enfrentamos en nuestro día a día. Estos son algunos ejemplos de biomímesis para que veas las infinitas posibilidades de innovación y creatividad que nos ofrecen las lecciones de la naturaleza.

De la mariposa morfo a los hologramas de seguridad

El color azul iridiscente de las alas de la mariposa morfo se produce por coloración estructural y no por pigmentos. Este color resulta de la interferencia constructiva de las reflexiones múltiples de la luz en las nanoestructuras con forma de abeto de las alas de la mariposa.

Los investigadores están reproduciendo las nanoestructuras de las alas de la mariposa morfo para crear colores estructurales con diferentes aplicaciones industriales o tecnológicas como cosméticos, tejidos, carrocerías de coches y pantallas con colores mucho más brillantes y con menor consumo de energía. También, en la fabricación de hologramas para evitar la falsificación de tarjetas de crédito, pasaportes, marcas, billetes y otros documentos.

Materiales autolimpiables inspirados en la hoja de loto

Las pinturas autolimpiables de exteriores basadas en el «efecto loto» permiten mantener limpias las fachadas de los edificios solo con el agua de lluvia, sin necesidad de utilizar detergentes, lo que minimiza enormemente el impacto ambiental.

Además, la empresa láctea japonesa Morinaga

Milk Industry, en colaboración con Toyo Aluminum, ha desarrollado la tecnología «envasado repelente de líquidos», inspirada en el «efecto loto», para crear una tapa para los envases de yogurt que evita que el yogurt se adhiera a su parte inferior.

Materiales adhesivos que imitan las patas del gecko

El *Gekko gecko,* llamado comúnmente gecko tokay, es un pequeño reptil escamoso de climas templados y tropicales, que destaca por su increíble capacidad de trepar por cualquier tipo de superficie vertical, pudiendo incluso desplazarse boca abajo, para perseguir a sus presas. Cada pata del animal está recubierta de millones de pelillos (o setas) microscópicos que se dividen entre 400 y 1000 veces para terminar en las espátulas, unas estructuras planas de 200 nanómetros que proporcionan el área de contacto necesaria. La gran adherencia se debe a las numerosas fuerzas de van der Waals que establecen las moléculas de la proteína beta-queratina de las espátulas con la superficie por la que el animal se desplaza. Se estima que un gecko podría llegar a soportar el peso de dos personas de 70 kilogramos cada una.

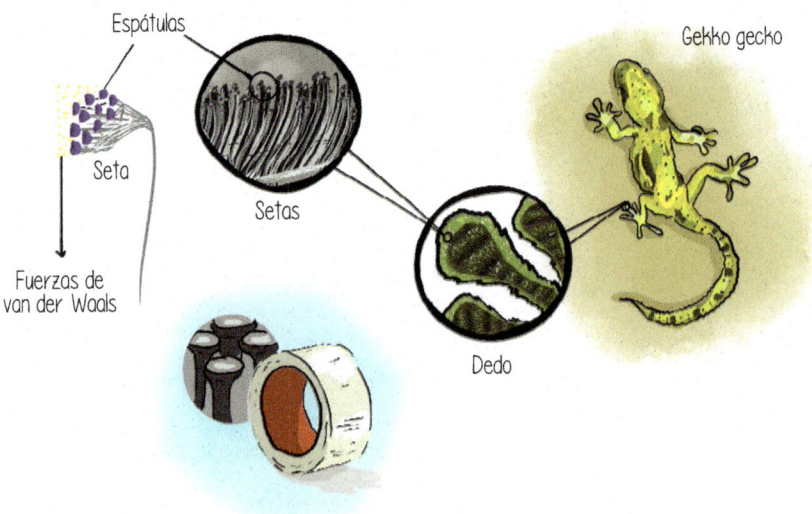

Los investigadores han desarrollado adhesivos secos, biocompatibles y biodegradables capaces de adherirse a cualquier superficie, que reproducen las setas de las patas del gecko. Las aplicaciones de estos adhesivos son múltiples: en la industria automovilística para el ensamblaje de piezas; en medicina para el desarrollo de vendajes resistentes; y en el sector militar para mejorar la seguridad durante la escalada. ¡Unos pocos centímetros cuadrado de «cinta Gecko» pueden soportar varios cientos de kilogramos!

Captadores de agua inspirados en el escarabajo del desierto

El escarabajo *Stenocara gracilipes* vive en el desierto de Namibia, uno de los hábitats más áridos de la Tierra, con temperaturas diurnas que alcanzan los 60 grados y lluvias casi inexistentes. Este pequeño insecto es capaz de obtener agua de la niebla para poder beber, gracias a las pequeñas protuberancias de unos 0,5 milímetros de diámetro que recubren sus élitros, las alas delanteras gruesas y endurecidas que forman su caparazón.

Se han fabricado captadores de agua de niebla, basados en este comportamiento animal, que consisten en una malla que atrapa las gotitas, conectada a un depósito donde cae el agua condensada. Estos

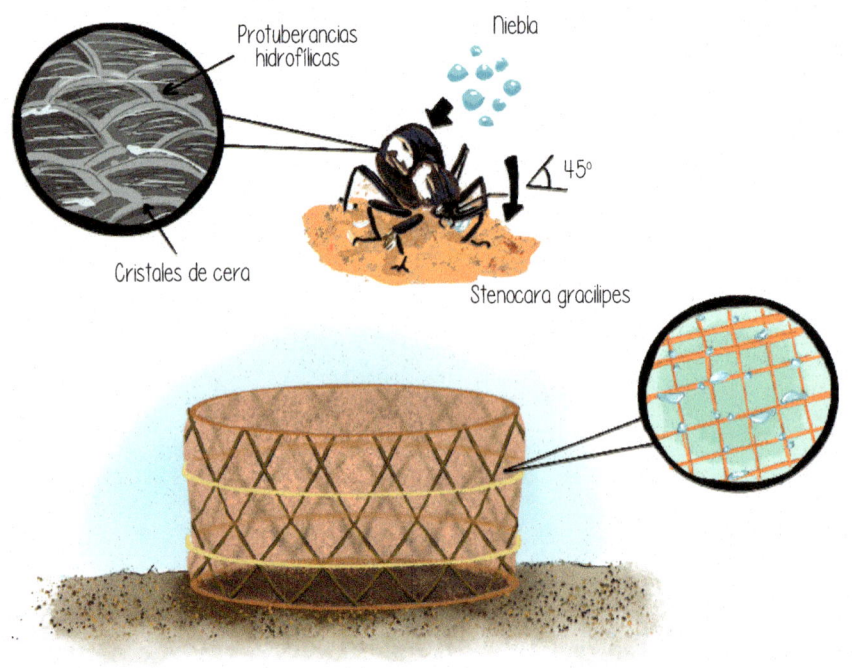

Niebla

Protuberancias hidrofílicas

Cristales de cera

45°

Stenocara gracilipes

captadores han permitido extraer de la niebla hasta un litro de agua por metro cuadrado de malla y día.

El «efecto cono de piña» y los tejidos inteligentes

Las piñas abren y cierran sus escamas leñosas en respuesta a la humedad del aire para proteger sus semillas. El truco de este «efecto» está en el diferente grado de higroscopia (capacidad para absorber o ceder humedad) que presentan los dos tejidos (interno y externo) que forman las escamas.

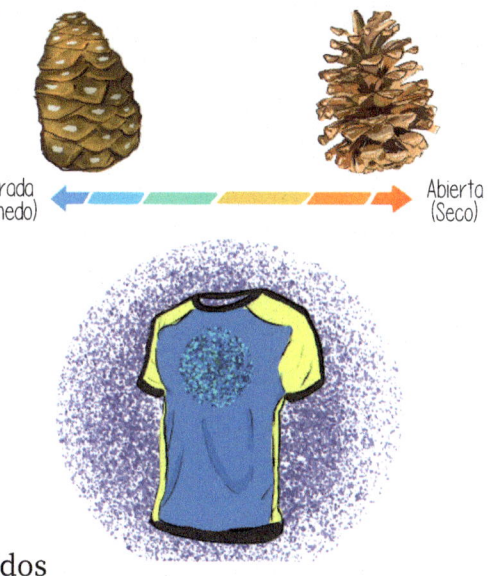

Cerrada (Húmedo)

Abierta (Seco)

Imitando este fenómeno natural, los científicos han desarrollado las fibras Inotek, que son capaces de modificar su estructura de manera espontánea y reversible, dependiendo de la humedad del entorno cercano. Los tejidos fabricados con estas fibras presentan una transpirabilidad adaptable, facilitando el enfriamiento natural del cuerpo por evaporación del sudor.

Saltamontes y la exploración de Marte

Los saltamontes son caelíferos expertos «en salto» gracias a sus dos patas traseras (largas y fuertes) que les permiten catapultarse más de 20 veces la longitud de su cuerpo. Inspirándose en el resorte natural de la pata del saltamontes, un equipo de científicos ha creado

un microrobot de tan solo siete gramos, capaz de saltar como un saltamontes (1,4 metros), para la exploración de Marte. Este robot es perfecto para esta misión, al presentar la superficie de Marte cráteres y rocas que dificultarían el desplazamiento de robots provistos de ruedas. También, representa un poderoso aliado en las tareas de rescate en desastres, al poder entrar donde una persona no puede y reunir información.

Nueva generación de fibra óptica inspirada en la esponja de cristal

Los científicos están estudiando la forma en que la esponja de cristal *Euplectella aspergillum* (conocida como cesta de flores de venus) construye su exoesqueleto de sílice a partir del ácido silícico que extrae del agua de mar a temperatura ambiente, para imitarlo en el proceso de fabricación de fibras ópticas.

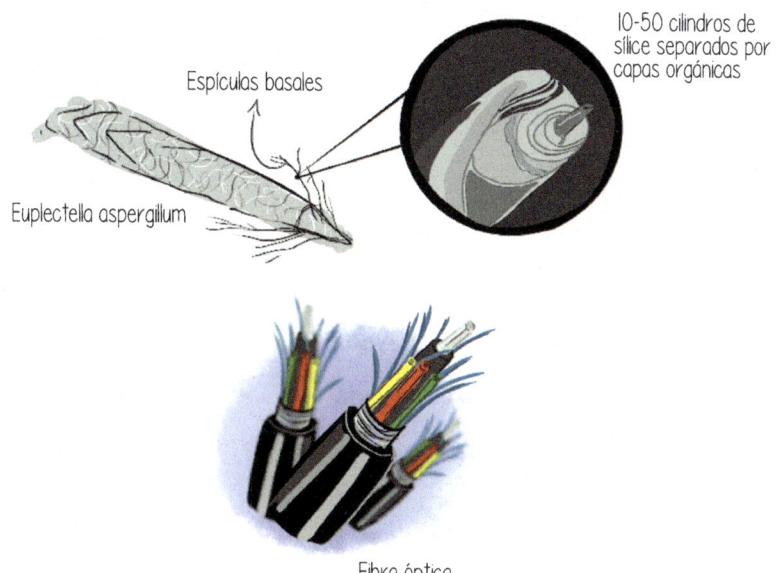

Espículas basales

10-50 cilindros de sílice separados por capas orgánicas

Euplectella aspergillum

Fibra óptica

¿Por qué? Estudios realizados por Joanna Aizenberg, profesora de Ciencias de los Materiales en la Universidad de Harvard, han mostrado que las espículas basales (de 5 a 20 centímetros de largo y del grosor de un cabello humano), que anclan a esta bella esponja al fondo del océano Pacífico, canalizan la luz de forma similar a una fibra óptica, pero son más resistentes y se producen bajo condiciones ambientales.

Ha llegado el gran momento. El sol está a punto de ponerse. Miro a Elsa para darle las gracias por darme a conocer la biomímesis y ayudarme a descubrir los tesoros de la naturaleza.

—Fénix, a los quiénes tienes que dar las gracias son al loto, a la mariposa morfo, al gecko tokay, al martín pescador, a la piña y al resto de animales, plantas, hongos y otros organismos que están a nuestro alrededor. Ellos nos pueden guiar, de forma sabia, hacia un futuro sostenible. Nosotros solo tenemos que observarlos y comprenderlos para aprender de ellos. Ahora, permanezcamos en silencio para despedirnos del sol—me dice susurrando.

— «¡Qué hermoso es el sol…!» —pienso.

Aún se ven los últimos rayos de sol detrás de la montaña. El día se despide… La noche llega con un cielo cuajado de estrellas titilantes, invitándonos a soñar con un nuevo amanecer.

Capítulo 8

¡Despierta!

Estamos contemplando las estrellas. ¡Cuántas cosas increíbles he aprendido hoy de la naturaleza! A partir de mañana, las voy a compartir con mi familia, amigas y amigos..., con mucha gente. ¡Hay que despertar...! A mi cabeza vienen las últimas palabras de Elsa.

«Los seres humanos, como especie, tenemos que asumir que no nos estamos ajustando a las leyes de la naturaleza. Y, como dice el Jefe Seattle de la tribu de los Swamish en su carta dirigida al presidente de los Estados Unidos, Franklin Pierce, en 1854: *La tierra no pertenece al hombre, sino que el hombre pertenece a la tierra. El hombre no ha tejido la red de la vida: es solo una hebra de ella. Todo lo que haga a la red se lo hará a sí mismo. Lo que ocurre a la tierra ocurrirá a los hijos de la tierra. Lo sabemos. Todas las cosas están relacionadas como la sangre que une a una familia*».

La biomímesis es la ciencia que se inspira en la naturaleza para generar diseños exitosos que se mimeticen con esta, asegurando las condiciones propicias para la vida en la Tierra, incluida la nuestra. Aunque parezca muy simple, en realidad, no es tan fácil de aplicar, ya que se necesita conocer y entender la naturaleza. Un trabajo colosal que requiere la colaboración entre biólogos, diseñadores, ingenieros, tecnólogos, etcétera.

«Es tiempo de sentir, comprender y aprender del gran libro de la naturaleza. Y, así, Biomimetizando... construimos un mundo mejor».

Para mentes curiosas…

- *Biomímesis. Cómo la ciencia innova inspirándose en la naturaleza.* Autora: Janine Benyus. Editorial: Tusquest Editores. Colección: Metatemas MT 119.

- https://biomimicry.org

- https://asknature.org

- http://zqjournal.org

- https://natureinspireus.wordpress

- https://biomimicryiberia.com